비운다는 건 새가 될 수 있다는 의미일까

서봉순 시집

ⓒ 비운다는 건 새가 될 수 있다는 의미일까

지은이 ● 서봉순

펴낸이 ● 강옥현

주 간 ● 양재일

발행처 ● 도서출판 오감도

초판 인쇄 ● 2025년 9월 25일

초판 발행 ● 2025년 9월 30일

전화 070-7778-2591 010-3206-2591

팩스 (031) 775-0161

출판 등록일 ● 제 10-1651(98. 10. 15)

서울시 중구 을지로3가 268 유일빌딩 604호

ISBN 978-89-5698-446-9 03810

값 10,000원

* 이 책은 경상남도, 경남문화예술진흥원의
문화예술지원을 보조받아 발간되었습니다.

✎ 시인의 말

내 안의 떨림을 언어로 길들이기 시작한 날부터

나는 세상을 새롭게 바라보는 습관을 가졌다

언어는 감각을 디자인하는 도구이자

사물을 다시 태어나게 하는

한 줄의 빛으로 다가왔다

        2025년 가을

1
바람의 무늬

말라간다는 것 • 010
햇살은 부재중 • 012
바람의 무늬 • 014
벼랑에 핀 이정표 • 016
이모작을 위한 길 • 018
연필이 걸어가는 길 • 020
날고 싶은 너는 • 022
차단기 너머의 밤 • 024
KTX가 남긴 풍경 • 025
내 몸의 지느러미 • 026
숲을 재단하다 • 028
어둠을 옮기는 사람들 • 030
몰래 숨어든 모래톱 • 032
구갑죽 • 034
심지에 남은 것 • 036

2
나이에 물을 들이면

아버지 틀니에 눌린 발음? 누룽지였다 • 038

언어를 디자인하는 남자 • 040

아흔이 부르는 어느 겨울 • 042

이팝꽃이 핀 조팝나무 • 044

어머니의 무지외반증 • 046

비밀의 시간들 • 048

놀이터엔 아이들이 안 보여 • 050

잠들지 못한 날들 • 052

어머니와 진양호 • 054

깡깡이 아지매들 • 056

에즈워드 증후군 • 058

나이에 물을 들이면 • 059

어머니 눈금 • 060

워터젯 로봇수술 • 062

벌초하는 날 • 064

임진각에서 • 066

말복 • 067

정월 대보름 • 068

3부

눈 아래 숨은 별

1974년생 다보탑 • 072

아프가니스탄의 크리스마스 • 074

범인 색출 • 075

오월 보리밭 • 076

발정, 발원지 • 078

능구렁이가 삼킨 퀵 샌드 • 080

림프샘 멍울 • 082

너는 지금 • 084

다솔사 • 086

푸른 날숨 • 087

눈 아래 숨은 별 • 088

전파 끊긴 세계에서 • 090

킬링필드의 바람 • 092

방아쇠수지증후군 • 094

노인을 위한 횡단보도는 없다 • 096

4부
오미야콘을 달린다

물의 눈물 • 098

구절초 • 100

담쟁이 • 101

오미야콘을 달린다 • 102

주름의 등반 • 104

조금 • 106

소나무 • 107

위험한 휴식처 • 108

가을 나무 • 110

은행잎 • 111

고욤나무 은행 • 112

코스모스 • 114

케톱시스 버태로니아나 • 115

강돌이 섬 • 116

중독된 봄이다 • 118

서봉순 시인의 시세계 ‖ 박종현(시인) • 120

1
바람의 무늬

말라간다는 것

　-황태

푸른 이빨 자국을 남긴 지문에서
파도 소리가 들린다
속을 다 비우고 나서야
드러난 잇몸 바닷바람과 맞선다

헐거워진 뼈마디 철심을 꽂고
먼 하늘에 갇힌 동공
몸 안에 스쳐 간 파도가 남긴 발걸음 소리가
겨울 풍경에 잠든 하늘을 흔들어 깨우면,

모를 일이다
그물망 사이로 걸어 나온 희미한 불빛
절름발이 사내 하나 일으켜 세워 날갯짓을 한다

비운다는 건 새가 될 수 있다는 의미일까
마른 몸끼리 흔들리며 부딪치다가

구름빛 덕장이 뱉어내는

목탁 소리

바다가 떼 지어 열반에 든다

햇살은 부재중

무릎에서 졸던 햇살이 턱 가까이 와서야 눈을 떴다

내 그림은 학교 게시판을 기웃거릴 뿐
빛을 등지고 보냈던 시절은 언제나 달리고 싶어
밤마다 사과나무에 매달려 고열을 토했지

심장이 헐거워지자 하늘을 통째로 삼키고
발바닥이 간지러워 하늘을 밟고 마구 뛰어다녔어
누구 하나 발목 잡는 이 없는데 갇힌 빛의 틈새를 채우려는
 손길마저 을씨년스러웠지

장마철 양철지붕으로 쏟아지는
맨살 장단의 위력은 귀신들이 내지르는 노래
무서워하면서도 친구들은 더 깊은 곳으로 파고들었다

물웅덩이를 밟고 일어선 그들만의 세계
촉촉한 입속에서 점핑하는 이들을 본다
사십삼 년이 지난 틈 사이를 잇는 목소리
가장 여린 마음의 문을 스승은 기억하고 있었지
나뭇잎 떨어지는 빗방울의 탄성을 가볍게 보지 않는
순도 높은 이름을 오늘에야 출석부에 체크를 하셨어

부재중이었던 햇살, 밤의 뜨거운 상처를 걷어내고
있다

바람의 무늬

주름진 마당이 눈을 떴다
하도 밟아서 매끈한 살갗 위로
유년의 윗목을 긁는 소리
쌓여있던 바람의 무늬가 일렁댄다
공깃돌로 구르는 햇빛 냄새
얼굴 가득 스크래치를 내어도 품을 줄만 아는
어머니 품 같은 마당
저물녘이면 바람의 자국을 담은 헌 포대를 끌어안고
방안으로 기어 들어왔다
말끔히 세수한 도화지를 바라보듯
낡은 대빗자루는 크레파스보다 더 값진 그림 도구다
꾹 눌러 그려도 부러지지 않는
내 꿈을 새길 수 있는 마당
바람의 빛깔이 환하다
낙인처럼 되살아난 어린 얼굴 하나
문득,

바람이 다가와 그 무늬를 지운다

마흔을 한참이나 지난 나이가 또 지워지고 있다

벼랑에 핀 이정표

기억의 조각들이 달궈지는 오후

이층 돌계단 위 섬백리향
콘크리트 틈 사이로 헤엄쳐 나온다

이끼가 지느러미를 키우고 있는 비밀의 방
개미 행렬이 지나간 지 두어 시간
점점 지워지고 있는 시간들을 끌어모았다

젖은 꽃잎으로 날아오른 향
한때, 길을 잃은 뱃사람들의 이정표였다지

그래서일까

눈길을 끄는 울릉도 섬백리향 군락지
아득히 먼 절벽, 망원경 속으로 탐하고 싶은 널 보며

가지런히 입술을 깨물고 싶은 충동을

길게 펼쳐진 수평선을 보며 내려놓는다

울릉도를 끌어안고 맴돌던 향

갯바위에 묻은 바다의 지문을 지우고 있다

이모작을 위한 길

새벽 세 시 알람 소리

서재 한쪽, 몽당연필들이 훈장처럼 웃고
연필깎이도 오천 번을 돌고 나면
수명이 다한다는 걸
마모시키고 나서야 알았다

기침을 해대며 혀를 차는 걸레

자유 시간조차 허락지 않는 스케줄
어쩌면 코로나가 시간을 선물로 되돌려 주지 않을까
커피 한 잔에 눈이 빠지는 시선을 따라나서면
삶의 한가운데 서서 치열한 중년의 취준생을 봅니다

주말이면
앞집 스터디룸, 새벽을 박음질하는 사람들
퇴직 후 남은 이십 년을 위한 언어들을 사냥합니다

길상이 아저씨, 휴식도 사치라며 음성파일로 기억을 붙들고 있죠

 일자리 신호가 깜박이는 현실을 두려워하지 말자
 긴 아가미를 창문에 비벼댑니다
 늘어난 목의 주름이 열린 문을 나섰을 때

 길들어진 시간들이 그들을 끌고 솟아오릅니다

연필이 걸어가는 길

아버지 황소 고삐를 잡고
호흡을 맞추며 사래 긴 밭 갈면
자로 잰 듯했는데
유년 시절, 연필에 침 발라 가며
종합장에 줄을 그으면
고삐 없이 걸어가는 당나귀 걸음이다

자를 대서야 그를 따라나설 수 있는
떨림의 순간들
한눈 팔이 소녀가 조릿대에 끼워
몸이 닳도록 그를 이끌고 가는 소리

마지막 심이
줄 위에 서서 시詩나무를 심었다
겨드랑이가 가려울 때마다
엄지와 검지 사이를 넘나들며
엉성한 숲을 그렸다

가지마다 날아든 파랑새
그를 긁어 줄 때 잎이 돋고 꽃이 피었다

아버지 발걸음 소리와 황소 울음이 섞여
줄 공책 몇 권이 깨알처럼 일어나
밀려 나간 기억들이 길의 주인이 되는 지금

날고 싶은 너는

지우개 똥이 바퀴를 굴린다

살면서 지우고 싶은 것들이 행렬을 이루고
미처 지우지 못한 것들이 아우성친다

손의 지문들로 평생을 살아가고 있는 족속들
불일치에서 오는 박탈감
실수를 밀어내는 힘은 우주를 싹쓸이할 만큼 개운하다

태풍이 쓸고 간 잔재들이 어느 지점에서 만나
트럭에 실려 어디론가 사라져 버리는 것처럼
의자 바퀴와 일체형이 되어 가면을 쓴다

서로 닮은 아픔을 피우자

시작과 끝을 향해 마구 달렸던 사람들
유리벽에 걸린 풍경을 보며 서로 닮았다며
소리를 질러댄다

시험은 끝나고 다시 진행형
얼마나 쌓여가야 공시생 위치에서 벗어날지
꽝의 확률은 이제 없다고 못을 박아야 할지

샤워하고 나온 그녀의 허벅지
잠들지 못한 흔적들로 피어난 스크래치다
침묵은 오랫동안 고장 난 톱니바퀴처럼

눈물 한 됫박 뿌려놓고 시동을 건다

차단기 너머의 밤

바람에 잘린 풍경들이
해거름 아스팔트에 서성인다
빛의 주름을 깁는 재주만 늘었을 뿐
먼지 얼룩진 의문 부호들은
아직도 그대로다

어둠이 몰고 온 밤의 차단기를 열고 들어가면
두려움은 늘 상복을 입은 채 나를 기다리고 있었다
옥상을 베고 누운 하늘이
어머니의 자궁처럼 포근해지는 밤이면
엇박자로 반짝이는 내 일상
하늘 모서리에 새긴다

별들이 하나둘
고층 아파트 창을 닫고
뒷덜미를 보이는 새벽녘이면
옥탑방 가득, 뜸 들어가는 속삭임이
더욱 분주해진다

KTX가 남긴 풍경

지나간 발자국 하나 남기지 않는다는 건

열차의 속도가 세월을 건너는 무수한 기억들보다

더 빨라서 그렇다고들 하지만,

선로 따라 뜨거워진 시간 위

두 다리 죽 뻗는

추억이 없는 사람들의 표정

환하다

내 몸의 지느러미

쉰셋
몸의 주름을 펴서 빨랫줄에 걸어둔다
아직 내려놓지 못한 두려움들
미등처럼 깜박거리며 또, 숨이 차오른다

열일곱

푸른 허기를 채우려다
저수지와 한 몸이 되어버린 수돌이
그 긴 아가리 속이 두려워
지나갈 때마다 등을 돌렸지
휘어진 물속의 시간들 알몸이 된 지 오래

밤마다
유튜브 동영상이 물침대로 찾아와
수백 번
고래 한 마리를 훈련 시키며

무딘 지느러미도 눈을 뜨려고
천장을 뚫고 나간다

가쁜 숨이 지느러미를 키워내고 있다

숲을 재단하다

나무 위에 세운 공중의 집에 도착하면,
줄에 매달린 해먹 안에서
나는 하늘과 합체되죠
세상이 발아래 놓여도 죽음을 발밑에 두고
중심을 잡고 서려는 충동은 어디서 왔을까

오만은 언제나 나를 노려보며 언제 터질지 모르는 풍선 같죠

키 큰 나무들이 태양을 독점하는 숲
그림자의 아이들
라피도포라 덩굴은 잎의 계단을 딛고 오르죠
잎은 스스로 구멍을 낸다
빛을 나누려는 진화
하얀 손등을 통과한 빛의 구멍들,
언니가 동생들을 위해 의자를 내어준 듯한 양보의 구조

각자의 방향으로 자라는 목소리들
생존은 이정표를 남기지 않는다

노을이 스며든 어머니의 방,
마다가스카르섬 바오바브 안의 카페에서
어린 왕자와 와인을 주문하며 말한다
지구의 자궁도 이제는
낳지 못하는 고통에 신음하고 있어요
우리는 사라지는 생명의 나무를 찾아
목말라하는 뿌리에 물을 건넨다

언젠가 생존의 본능이 내 목을 조를지 몰라요
자연이 흉내 내는 모두의 얼굴은
늘 내 안에 있습니다

문득,
잎사귀 하나도 함부로 떼지 못하게 되죠
그들이 나를 들여다보고 있으니까

어둠을 옮기는 사람들

어둠을 밟고 지나가는 길엔 빛들이 자라난다

묻지 않아도 될 일기예보
노점상 할머니들 무릎 위를 핥고 휘어진 햇살
물뱀처럼 꿈틀거리는 손등의 혈관을 따라가면
눅눅한 바지 속 지폐들 환하게 웃는다

먼 길 돌아 새벽 장을 여는 노점상들
따뜻한 정 한 술에 접혔던 허리 공친 하루를 편다
어깨를 들썩일 때마다 빛도 굴곡을 남기며
사월의 봄은 입을 다물지 못한 채
지갑이 자꾸만 열린다

서로를 밟고 일어선 국자가리비
탈출구를 찾아 숨죽여 기다렸던 곳

삼십여 년 넘게 어패류 장사를 한 그녀
밤마다 양쪽 겨드랑이에 수많은 가리비가 자라난다

얼룩진 바닥의 표정들, 서로가 서로의 발목을 묶어 둔다

온몸으로 살아간 사람들과의 시간을 견디고 나서야
어둠을 이고 일어서는 버릇이 생겼다며
구석에 앉아 어색한 안부를 묻는 이에게 쏟아내는 빛이다

낡고 주름진 풍경, 그림자를 밟아야 힘이 솟는다

몰래 숨어든 모래톱

갈비뼈가 자라난 곳으로 숨어든다

위장술로 천적을 유인한 흰목물떼새
포란을 위한 둥지에 피가 달궈지는 동안
몸을 적셔 수십 번 뙤약볕을 녹여버린다

햇빛 한 장 접지 못한 한낮 태즈메이니아 해
모래톱에 갇혀 좌초된 파일럿고래들
방향 감각을 잃어버린 우두머리 고래에게 내 감각 기관을 이식하면
밤마다 나는 기적을 믿는 고래로 태어난다

서로 등을 비벼대며 블라인드 속에서 빠져나와

하루에도 수십 번 적들의 눈을 돌리기 위한 전략을 펼친다
부상병 흉내를 내며 적을 유인하는 행동

엄마는 둥지를 지키는 파수꾼
아빠는 식량 조달자다

흘린 땀방울 되돌아온 시간을 줄탁동시라 부르며
탐욕스러운 매의 눈길을 쫓으며 다다른 곳

상처 한쪽을 깁자 무수히 자라난 갈비뼈들 생명을
품는다

구갑죽

아침 햇살을 문지르는 아홉산

바람이 불 때마다
어머니 품속으로 들어와 무릎에 눕는
마디 하나하나를 새길 때면 유년의 뼈
붉은 체온계에 매달려도 비틀거리지 않는다

빛 주위로 뭉치는 침묵의 심지
어두워진 빈방을 우두커니 지키고 있을 뿐
도망치는 그림자를 끌어다
우회하는 불빛 속에 앉히면 쉼터가 되지

빛에 취한 어미 젖가슴이 어린 눈을 살핀다

영험함 때문일까
산허리를 돌고 돌아 숲을 거닐고 있는 이들
무수한 잡념의 씨앗은 숲에 이는 바람의 둥지가 되지

푸른 잎 속 어머니를 품고 잠든 하루
공중에 머뭇거렸던 시절의 꽃은
텅 빈 희망 속에서 기적을 믿지 않는다
벌거벗은 한낮의 카메라 셔터 소리

심지에 남은 것

그를 기억해 냈다

신문지에 말려
허름한 집 마루 끝에 놓인 천마 하나
한 계절이 지나고 나서야

수분이 빠져나간 몸 안에서
쌍둥이 생명이 움터 있었고
탯줄을 아직 끊지 못한 어미의 눈빛은
마른 잎맥에 슬픔을 새겼다

한 줄기 심지의 흔적뿐

2

나이에 물을 들이면

아버지 틀니에 눌린 발음? 누룽지였다

달라붙은 원 속을 탐색 중이다

매일 아침 반복되는 시간의 텀블링을 재는 버릇
가장 낮은 화력으로 위아래 틈을 메우고 있는 밥알들

십 분이 지나서야 노르스름한 외투 자락 속으로 봉인된 카드 한 장,
서서히 조심스레 긁어대도 대금은 언제나 0원
밥알 하나 허락되지 않는 목구멍, 빨간 초점을 잃어가고 있는 입술
혀의 미각은 질 좋은 최고의 문지기처럼 쳐다보고
이따금 마음의 상처를 핥는 버릇이 생긴 그는 손자를 보면
봄볕처럼 웃으신다

평생 농사일로 닳아버린 지문들도 새살 돋듯 피어나
괭이의 흔적에서 벗어난 지 십여 년이 넘었다

주인 냄새 맡으며 삭아가던 연장들
늘 잠이 고팠던 그때가 좋았다며
낡은 농사 일지에 잡곡들 종자처럼 박혀 있다

싱크홀처럼 빠져나갔다가 다시 복귀해 생명의 통로를 여는 아들

코끝 시린 아침이 황색 신호를 보내고 있는 중
쟁반처럼 누워 있는 그가 바삭바삭 익어가도
누구 하나 낯익은 냄새를 거부하는 사람이 없다
누룽지 한 그릇 뱃속에 접혀있던 표정들이 빠져나온다

언어를 디자인하는 남자

밤마다 책을 먹어 치운 남자

편백나무 숲을 방안으로 끌고 옵니다
허기를 채우듯 책을 채우는 버릇들
소화해 내지 못한 언어들이 오랜 시간
빛의 그림자 속에서 일어납니다

책갈피마다 숲의 바람이 내려와 남긴 수기 속
비룡폭포 떨어지는 물줄기를 계단 삼아
밤마다 승천할 꿈을 꾸던,

그의 손길이 닿는 곳마다
숲이 그려준 내력들이 집안 가득 피어나 둥지가 되었죠

서로를 향한 지표는 달라도
숨통을 터주는 일상이 서로를 만지작거리며
걸어갑니다

제자리가 아닌 곳에서 몇 해가 지나도
만날 사람은 만나게 되어 있는 것처럼

공룡능선을 따라
굶주린 언어들이 파노라마처럼 펼쳐집니다

아흔이 부르는 어느 겨울

등뼈의 곡선이 동궁과 월지 앞에서 휘어진다
구름이 잔뜩 발을 구르며
진땀을 뿌리고 있을 때
균형을 잡느라 파랗게 흔들린다

버팀목 하나가 바뀌고 있는 순간들을 외면하지 말자

한때, 가내수공업을 하셨던 부모님
추수가 끝나면, 옻 진액과 한지를 만들어
내다 팔았다
아버지 입에서 소리의 버튼이 켜지자
단편영화 속으로 빨려들고 한때,
낚시터에서 무수한 뼈들이 자라나
발자국은 더 깊이 흔들려 걸을 수가 없었다고 한다

휴일이라 빠른 쪽과 느린 쪽은 서로의 속도를 모으며
뻐금거린 아가미 귀를 세우고
구부러진 물결 쪽으로 빠르게 지나갔다

사람들과 틈새가 벌어지자
담배를 피우기 위한 본능적인 행동
허공을 향해 추락하는 손끝을 보며 혀를 찼다

정제된 감정을 둥글게 말고 있는 월지
버팀목 하나를 일으켜 세우고 있다

이팝꽃이 핀 조팝나무

하얀 조팝나무 위
선녀부전나비가 핀 나는
하얀 쌀밥만 쫓고 있었다
아무리 먹어도 배가 부르지 않던 허기는
거미줄에 걸려 발버둥 치다가
날개가 꺾인 뒤에야 꿈이란 걸 알았다

식목일에 나눠주던 묘목
어머니와 남편은 황금 측백
아들은 장미 두 그루
조팝나무 한 그루와 영산홍은 내가 가져온 것이다
남편 엄지손가락보다 굵은 조팝나무
몇 해가 지나도 몸통만 키워갈 뿐
기다리던 좁쌀은 열리지 않았다

남편 키만큼 훌쩍 커서야 이팝나무임을 알게 된 나는
밤바람이 불 때면 창문을 긁어대는 묘한 버릇 때문에

자다가 깨어나곤 했었다

밉지 않은 잠버릇이다

쉰이 넘은 지금

방안 그득 스민 이팝꽃 향기에 취해 숙면에 든다

어머니의 무지외반증

지난여름 짓무른 기억도
가뭄에 눈먼
논바닥 틈새 항생제로 응고된 지 오래
더 이상 비린 피 냄새도 나지 않는
비명,

열대야에 묻힌 밤은 어둡고 깊었다

잘 여문 가을 햇살
발등에 내려와 앉으면
엄지발 쪽으로 쏠린 자식들
아린 뼈를 키워가는
일흔다섯 된 엄마의 방은 늘 숨이 가쁘다

햇살의 주름이 쌓여
논바닥 벼 이삭의 어미가 되듯

무지외반증

신발 코가 아려오는 늦가을

쉰을 넘긴 딸의 멀쩡한 발가락이 시려 온다

비밀의 시간들

 발목이 울고 있어요

 명절 이틀 앞두고 보호대로 발목을 감춥니다
 얼음팩이 다 녹을 즈음 통증을 깨우는 신생아 울음소리

 며칠이 지나서야
 냉동실에 잠자고 있던 비밀 약밥에서 새어 나옵니다
 통증에는 얼음팩보다 약밥 팩
 먹으면 안 돼요 봉이 꺼

 친정 음식까지 해서 보내려 쟁여 둔 냉장고 속,
 잠든 재료들의 속삭임을 뒤로하고
 성심병원 713호실 문을 엽니다

 엄마 표정만 담고 있는 죽그릇
 삼백사십오 일에서 벗어나 또 한 해를 위한 충전 시간

군살이라곤 찾아볼 수 없는 체중, 업어도 발목은 울 수가 없었지

  막 끓여간 전복죽 한 그릇 다 비우고 나서야 입술이 펴져요

  구석구석 사계절 풍경들이 잠들고 있는 동안
 주인 잃은 곳간 빈 그릇을 닮아가고 있어요

  병실을 나서는 코트 자락에 감춘 발목의 울음
 복도를 적십니다

놀이터엔 아이들이 안 보여

발자국이 사라지고 있어요

주머니 속을 벗어난 동전들이 모였다
모래가 그들을 품고 살아온 시간을 잴 수 있을까
녹슬어간 놀이터를 탐색하는 동안

나는 하늘을 나는 탐색꾼

철새들이 이주 단지로 이사 간 지 오래
몇 안 되는 철새들조차 아파트 뒤쪽 놀이터는
기억하지 못해요

새로 단장하고 운동기구까지 최상품이라며
낮부터 저녁까지 홍보를 나섰는데
바람의 자국들만 보여요

아이들을 보려면 어린이집이나 키즈카페를 가야 볼
수 있대요

생태계 공원에서도 멸종 위기에 놓인 개체 수들을 늘리자며
그들의 세계를 기웃거려요

학교 앞 24시간 편의점, 문방구를 삼켜버린 지 오래
방과 후 무슨 메뉴가 오늘을 뛰게 할지
체크카드가 안녕을 묻지요

놀이공원 근처
느슨한 햇볕을 움켜쥐고 무당벌레를 풀어놓은 놀이터
하루의 시간을 조립하지 않아도 좋을 만큼
모래로 봉합된 상처도 웃음을 덤으로 주고 있지요

빛의 주름을 밟고 일어서는 아이들

잠들지 못한 날들

쓰레기통은 잠들지 못한 기록들이 수군거린다

수면제 없이 잠들지 못한 날들을 삭제하고 싶었을까
위 세척실에서 빠져나온 이빨 빠진 고양이
그물코에 걸려 허우적거리다 눈을 떴다

보름달을 움켜쥐고 있다가 놓아버린 손
상현달과 초승달이 되어버린 두 방향
각자 심장에 불을 지펴야 할 두려움이 죄어오고

가장 깊은 수면 속으로 모든 걸 접어도 좋을 만큼
단축키를 누르고 싶었을까

119구급대에 실려 나간 그녀

반쯤 기울어진 빛 사이로 걸어 나온 아들
어우렁더우렁 스크린 골프장에 서 있던 그가
갑작스레 쓰러져 마비가 되어버린 왼쪽 신경들

더 많은 환자를 보기 위해
조각난 잠들도 무릎을 구부린 지 오래

지난 두 계절이, 우산을 펴듯 허리를 펴고 일어선다
휠체어를 타고 회진을 도는 마흔다섯 살 아들
긴 터널을 지나 재생의 빛을 찾기까지

요양병원 317호실, 밤의 발작을 갉아 먹는다

어머니와 진양호

엠마우스 317호
어머니, 진양호 둑을 베고 누워 계신다

아들이 결혼한 그해 봄
삼십 년 만에 봄나들이 나선 진양호
소주 한 병과 오징어땅콩 한 봉지에 취해
비틀거리는 호수는
초라한 빈손이 되어서야
손가락 사이로 흐르는 물길을 움키며 일어섰다

빛의 주름을 펴듯
더딘 기억 한 조각들을 꺼내기 좋은 곳
널따란 열무밭에서 애 더위의 가쁜 숨소리가
진양호 잔물결로 일렁이던 땡볕 너머

한여름 무더위에 백 단이 넘는 열무를
리어카에 싣고 가던 어머니

기울어질 대로 기울어진 몸은
바퀴 달린 침대만 지키고 계신다

남강댐 수문을 여는 날이면
닳아 문드러진 지문 사이로 새 물결이라도 밸라나
진양호를 건너온 붉은 노을이
엠마우스 317호실 창가에 잠깐 머물다 간다

깡깡이 아지매들

이른 아침
망치가 울어댄다

블럭 담 너머로 아기 울음소리
깨진 함석집 빨랫줄에 걸려
기저귀가 물기를 털어내고 있을 때까지
점심때가 되어서야
잠긴 문이 열리고
아이와 함께 자는 종이 밥
씹어서야 알았다
밥풀 냄새가 난다는 걸

너덜거린 가계부 속 아직 받지 못한 일당들
오늘은 받을 수 있을까

배 밑창에 눌어붙은 조개껍데기를 떼어내듯
시간을 다루는 솜씨가 눈 부신 햇살을 뚫고

젖을 물리고 한 손으로 허기를 채우는
깡깡이 아지매
녹슨 상처가 떨어져 나갈 때마다
공중에 매달린 허물들이
온몸을 감싸고 뼈마디까지 스며들어
생명을 파먹고 자란 망치 소리
가난으로 피어난 꽃의 울림이랄까

마을 역사를 담아내는 벽화 속
아기 울음소리가 푸른 정원이 되어

깡깡이 아지매들 꿈을 그려내고 있다

에즈워드 증후군*

딱, 하루

신생아실 요람 모서리에

고고성呱呱聲만 매달려 있는

모성도

의술도

닿지 않는

하얀 줄무늬 산타 모자만

곁에서 지켜주는

* 정상적이라면 두 개이어야 할 18번 염색체가 세 개가 되어 발생하는 선천적 기형 증후군, 대부분 출생 후 10주 이내 사망.

나이에 물을 들이면

어디에 계시는지 행선지를 묻는 딸에게
쉬는 날이면 습관처럼 따라붙는 들녘

이랑과 고랑 사이를 수십 번
거추장스러운 땡볕이 바짓단을 돌돌 말아 올린다

땅과 마주 보는 거리가 자꾸만 길어진다며
소진해 버린 휜 허리

육체는 최소한의 움직임만 허락할 뿐
세상과 맞설 힘조차 추방되어 버린 지 오래

무성한 콩잎 속에 갇혀버린 여든여섯
딱딱하게 등허리 굳어져
그를 갉아먹은 그을린 뙤약볕

아버지 이마에 어두운 고랑 하나 더 내고 있다

어머니 눈금

담장 위에 노을이 핍니다

어버이날을 며칠 앞둔 주말
아들이 좋아했던 음식들 냉장고 안에 줄을 섭니다
녹슨 대문은 소리를 질러대고 배설되지 못한 언어들
실버카에 실려 빠져나옵니다

생선 비린내 나는 쪽으로 가시 돋는 보도블록
저마다 기억의 갈피를 벗겨냅니다
소문으로 뼈대가 굵어진 동백 슈퍼 앞
평상 다리 하나 며칠 전부터 절뚝거립니다

대평댁 할머니
카네이션도 자식이 달아 줬을 때 완전한 꽃인데
채 피지도 못하고 꺾인 한 송이 그 꽃처럼
베란다 한쪽 꽃봉오리가 힐끗거립니다

저마다 눈치를 보며 아꼈던 말들도
말의 뿌리가 가렵다며 긁어대던 모서리
몸의 기울기만큼 서로 물들어 가고 있습니다

한때, 갈치 한 마리가 무와 방아잎을 만나
한 냄비 가득 팔 남매 잡다한 이야기들까지
통째로 삼킬 기세였지요

생선을 손질하던 어머니
담장 위의 시간 눈금을 몇 번이나 긋고
또 지우셨을까요

워터젯 로봇수술

호두알이 계란처럼 비대해지면
길목이 막힌다

보이지 않는 벽처럼
비뇨기과 진단 후 수술은 결정됐다

길을 내기 위해 기계의 팔이
서서히 다가온다
칼이 아닌 물이 칼처럼 움직이는 순간
그의 심장은 거세게 뛴다

실비보험이 없는 줄도 모르고 일만 좇던 그가
비보험 고가 수술을 선택한 건
후유증이 적다는 이유와 빠른 회복이었지

죽음이 목전까지 가지 못한 이에겐
숫자가 무겁다

차가운 화면 속

잔고는 숨을 삼킨다

삶은 늘

작은 숫자들 사이에서 흔들린다

벌초하는 날

유월이면 남편은 걱정의 덩굴이 무성해진다

풀들이 엎드린다
허리 숙인 인사처럼
풀잎 하나하나가 유서를 쓴다
몸부림도 잠깐, 이내 잠든 듯 조용한 결심

해마다 두세 번
누군가 지나치며 흘릴
짧은 탄식과 눈치의 기척
말 없는 그 소문까지도
더듬는 버릇

풀들이 뼈대를 세우려는 찰나
그는 예초기와 낫을 들고 기억을 베러 간다
혼자 가지 못하고
눈치만 슬쩍 건네는 간 큰 남자

마지못해 따라간 산길은 할머니 주름 같다
계절이 깊을수록 더 많은 굴곡을
투덜거리며 따라간다

할머니 산소엔
유쾌한 잔치가 열렸다
잔디 사이, 백설기 같은 삐삐 꽃들이
하늘로 김을 올리며 피어오르고

이제는 아무도
그 통통한 것을 뽑아 씹지 않는다
어린 날처럼 입안 가득
질경질경 씹던 시간도
이제는 뿌리째 바람에 묻혀간다

임진각에서

실향민들을 태우고 잠들지 못한 밤마다
기적 소리 울린다며 찢긴 아픔 깊고 깊은 철도는 손뼉을 칩니다
장단역에서 황해도 한표역까지 맨 앞자리에 앉습니다
가장 낮게 앉은 어슴푸레한 봄밤
막다른 곳에서 뒤돌아 오는 거리가 더 멀게 보이는 건
더 이상 나가지 못한 아쉬움들이 말없이 따라붙기 때문입니다

반세기 동안 입을 다물지 못한 철마가 환호성을 지릅니다

말복

낮밤 없이 울부짖는 털매미

겨드랑이에 붙은

질척한 열대야

뒤란 모서리, 무화과 열매로 익어

온몸을 연다

정월 대보름

맨발로 달빛을 건드려 본다
서늘한 공기 속에서도 달의 미열을 재는 버릇이 생겼다
택배 상자에서 꺼낸 말린 나물들은 어머니 숨소리처럼 고요했으며
잎맥마다 접힌 고향의 숨결을 펼치면, 오래 서 있는 일을 견디느라 굳은살이 된 내 뒤꿈치를 살며시 긁어 준다

며칠 밤낮 솥을 붙들고 어머니 지문이 우러난 물을 화단에 뿌리고
몇 번이나 우려내고 우려내야 본연의 맛을 볼 수 있을까
들기름이 참기름을 만나 어간장과 나란히 나물을 만나 뒤섞이면
백 인분쯤 거뜬히 품어내는 보름 잔치의 시작이다

익어가는 냄새 따라 먼 지역 지인들까지 모여들면
손에서 손으로 옮겨지는 따뜻한 밥 한 그릇
웃음과 안부가 섞인 덕담이 김처럼 피어올라

골목엔 아직도 달빛 조각들이 피리를 불고 있다
쥐불놀이의 불씨가 아이들 콧등을 타고 흘러내리고
색연필로 붉은 달을 그리며 페이지마다
합격이란 주문을 써 넣었다
환호성은 굴방우 능선을 넘어 전국으로 퍼져 나가고,
선 후배들은 흩어진 땅마다 찰지게 뿌리를 내렸다

해마다 쓰레기 분리수거장 한쪽에서 분유통을 주워 못으로 구멍을 내면 부활한 깡통 속에서 달빛은 다시 뛰놀 준비를 한다

외할머니 머리에 꽂혀있던 하얀 비녀 같은 달빛이
서늘하고 깊은 목소리로 내 이름을 부른다

먼 길 건너온 보름밥 한 그릇 찰지고 끈끈한 그 밥을
혀끝에 눌러 씹는다고
순간, 그 따스함이, 할머니 덕담이, 어머니 손끝이
함께 호흡하고 있음을

달 알갱이를 천천히 씹으며 고향의 체온을 품는다

3
눈 아래 숨은 별

1974년생 다보탑

몸이 날개였던 넌
허공을 밟는 순간 길게 울었지
한때, 소리의 울림을 알았을까

하루를 반으로 접을 무렵
아스팔트 맥박이 빨라진다
상처투성인 다보탑
지문으로 얼룩진 얼굴이 아닌
박혀 있던 햇살을 주워 쥔다

잠시 응시한 눈빛을 따라가면 불국사다
빛바랜 사진 한 장
서울 지하철 개통 기념우표와
어머님을 품고 있는 다보탑
내려다보는 얼굴이 붉다

늘 그 자리의 바람을 몰고 오는 사람들로 붐볐다
이젠 울어도 허리를 굽히지 않는 이들은

다보탑을 기억이나 할까

대문 앞 어머니 입김 소리가 저장된 우편함

십 원이 때로는 날개가 되는 날

아프가니스탄의 크리스마스

밤에만 내려오는 하늘

어둠이 깊어진다는 건 축복인지도 모른다

흙 바람의 갈퀴손이 빚은 문명의 흔적

찢겨나간 살점은 모두 입을 다물지 못한다

파편을 맞은 유적들은 목숨을 잃은 지 오래다

쓰러진 유적들 사이에 서 있는 사원 하나

초승달을 띄워놓고 하늘에다 유언을 하고 있다

물과 하루치의 끼니가 가장 큰 선물이 되는

아이들의 까만 눈동자에 비친 세상을

군용 트럭이 싣고 간다

범인 색출

겨울을 쪼아대는 후투티 헷갈린 날씨 탓일까

지렁이가 화분 속에서 꿈틀거린 날

내 의심을 노리고 있는 새들이 얼마나 될까

아직 경칩이 눈을 뜨려면 두어 달

내 집을 드나드는 까치, 후투티, 직박구리

헐거워진 외투 자락을 걸치고

몸집을 키우고 있는 봄동 위로

누가 봄똥을 쌌노

오월 보리밭

괭이 두어 자루와 담배 한 갑
밭 언덕 돌무더기에 하얀 찔레꽃으로
피어오른 꽁초들
해수 기침 소리 한 잎 두 잎
파래진 입술로 하늘을 가린다

허리 펴는 법을 잃어버린 아버지
누렇게 도배한 저 들녘
손톱 사이 숨은 눈썹달이
꾸벅꾸벅 졸고 있을 때면
귓불 빠알간 막내아들
남은 체온 곁으로 갈 날을 더듬는 것일까

가슴에 묻은 아들
심장마비로 누운 오월의 밭고랑
다시 보리 까끄라기로 일어선다

익을수록 고개를 치켜세운

수많은 보리 이삭들

하늘이 내려와 다독일 때까지

두 눈을 부릅뜨고 있다

발정, 발원지

미나리전이나 해 먹을까 슬쩍 걸어왔어

출근 30분 전
봉지 속 눌린 공기
쉿- 헐떡이며 부풀어 오르죠

만삭이 다 된 달이 오도재 옥녀탕에 몸을 풀고 있을 때
잔잔한 별 무리 없고 기어오른 민달팽이
젖은 미나리에서 알을 지키는 산파 개구리까지

유혹의 질감이 번지는 옹기 뚜껑 속
밤새 담 위에서
고양이는 암팡지게 울어대고
발목을 조이는 공기의 허기를

산달 가까운 시간
옹녀의 자궁처럼 빠지면 다시 뺄 수 없는

남강 습지원
그 안에 숨겨둔 울음을 쏟자
빨, 주, 노, 초 – 파란 울음의 수문이
산을 뚫고 열린다

줄지어 몸을 풀어낸 알들
물속에서 몸을 뒤척인다

딩크족의 망설임도
돌다리 아래 감춰둔 생명의 떨림으로 움찔
그 떨림이 발목을 끌어당기면
웅크리고 있던 물길이 태동을 한다

능구렁이가 삼킨 퀵 샌드

오월의 태양은
수면 위를 두드리며 지각을 깨운다

짧은 꿈에 젖어
당첨되지 않을 미래를 한 장 쥐고
아버님 잠든 선산에 갔다

세 시의 그늘 아래
자줏빛 혀를 내민 땅의 혓바닥 위에 눕는다
망진산 송신탑이 기울어진 시계바늘
진양호 엠마우스 노인병원 창문을 향해
보이지 않는 맥박을 송신한다

생과 사는
진동을 주고받는 오래된 쌍둥이 위성처럼
따라붙었어

풀 베는 소리에
누군가의 피부를 찢는 듯
뱀 야콥슨 기관이 꿈틀

낫은 손을 떠났고
옴짝달싹도 못 한 채
검은 입을 벌린 속으로 한없이 빠져들었지
살겠다고 얼마나 발버둥을 쳤을까

보아뱀이 삼킨 코끼리처럼
기형적 희망의 실루엣으로 나를 감쌌어

허기진 오월이 그녀를 뱉어내고 있을 때
축축한 바지 위로 악몽의 메아리가 사라졌어

림프샘 멍울

새벽이 긴 날이다

먹이를 찾아 둥지를 떠난 알락할미새처럼
머문 자리에 얼음 팩 온기가 등짝을 후려친다

그녀의 골다공증처럼 시린 우의

미리 병원비를 저축하러 나선 고사리 산
가파른 산길 무딘 엄지발가락 낙인찍듯 선명한데
까마득한 거리, 등에 진 마대기가 손짓을 한다

무인 판매기가 그들의 삶을 기록하고 있지
아랫집 아지매, 딸 시집보낸다며 넣은 정기적금
쌓여가는 잔고만큼 위암 덩어리를 키웠다며
마지막 선택은 함께한 둥지의 그늘이었을까

앞으로 남은 생의 무게만큼
밤마다 딸 정아의 눈물을 끌어안고 잠든 불두화

아침이면 힘없이 푸푸 끓고 있는 쌀눈 녹두죽
다 익은 마음 멀뚱히 천장을 향한 저 무심

숨죽인 엔진 소리 골목을 붙들고 있다

산머루 덩굴로 뒤덮인 담장 그녀 혈맥이 뛴다

좋아한 머루 붉은 심장을 가졌지
가로등도 몰래 휘파람 부는 구월이면
닮아가는 입술마다 한솥밥이 익어간다

서로를 붙들고 살아가는 사람들
저마다 멍울 하나씩 키워가며 내려놓지 못한 짐

너는 지금

서로 안부를 묻는 말이 삭제되어 버린 날

길게 울다 스스로 멈춘 핸드폰
돌아오지 않는 메아리처럼 숨어버렸다

휘어진 낫이 찔레 덩굴을 베어버릴 때
닫힌 전대 틈새로 쏟아진 그는
어디쯤 웅크리고 술래잡기를 즐기고 있을까

찔레 순이 울음을 토해낸 순간
그는 더 깊은 서랍 속
녹슨 기억처럼 눅눅히 있던 건 아닐까

며칠 전부터
안부는 어둠의 연둣빛 잎사귀로 돌아나기 시작했다

목소리를 높이지 않아도 좋을
그 느슨한 고요의 팔을 걷어차지 않기 위해

시들어버린 꽃잎 한 장의 생을 실처럼 엮어
허공에 걸어두고

햇살을 정강이에 두른 채
얼어붙은 바위 앞에 발의 뿌리를 밀어 넣는다

내려놓지 못한 일들이
자꾸만 갈라진 그림자처럼 뒤뚱거리며 따라온다

함께 살아낸 시간의 주름마다 남겨진 잇자국
마른 입술처럼 벌어진 전대 속은
허기진 바람 소리로 마를 대로 말랐다

바싹 마른 찔레 무덤에서 다시 길게 울다 멈춘 그에게
터져 나온 어머니 목소리

다솔사

후불탱화 가사 자락까지 내려와 앉은
새벽 산안개
온몸으로 와불을 떠받치고 있다

누가 말했던가
시간을 정지시킬 줄 아는 힘이 부처라고

아침 햇살이 닿자
서둘러 극락보전을 빠져나가
사리탑을 휘감았다 사라진다

누가 말했던가
영육靈肉 하나 남기지 않고 사라지는 시간이 부처라고
대양루가 두 손 모두어
봉명산 옆구리로 떠나는 아침 안개를 받든다

푸른 날숨

하늘을 접은 독수리가 있다

전깃줄에 찢긴 좌표
논바닥에 박힌 좌표
움직일수록 더 깊이 땅을 찔러댔다

추위보다 더 무서운 건
날갯짓 없이도 생기는 상처

펼 수도 접을 수도 없는 날개
기억처럼 구겨져 몸에 남아
논바닥도 밤새 울었다

그는 단 한 번도 짝짓기하지 못한 채
하늘을 뚝 떼어내듯 놓아야 했다

눈 아래 숨은 별

구름이 골목을 더듬던 시절
맥스가 짖어대며 지나가던
그 겨울의 경계

일요일 아침
눈의 깃털이 세상을 덮을 때
엄마 잔소리 대신 흘러든 마을 이장 목소리
이불은 요새였고 귀는 투명한 창문이었지

맥스가 동생과 나를 밖으로 불러냈다

지붕 위엔 새가 되지 못한 눈송이들이
발밑에서 숨을 쉬었고
눈발 속을 헤집고 다닌 맥스의 궤적은
하늘이 손으로 써 내려간 편지처럼 남았다

그 개는 바람이었고
눈빛은 말 없는 질문이었다
할머니 발톱 같은 기억들 무릎 곁에 박혀

영화의 한 장면처럼 이름 붙은 친구
서부의 영웅이 되지 못한
쥐 사냥꾼의 허무한 종말

우리의 눈물은
연기처럼 아궁이 위로 오르다
어둠에 눌려 목구멍에서 멎었다

지금도 그 골목엔 눈이 내릴 때마다
무릎 위에 다시 피어나는
작은 별 하나
이름 없는 반려의 그림자가 걷는다

전파 끊긴 세계에서

하늘을 잃었다

cctv가 지켜보는 도시 위

고장 난 드론처럼 추락한
독수리 한 쌍이
낡은 철탑 위에서 무언가를 품는다

사랑은 물풍선처럼 터졌다
상상임신까지
돌을 품고 울음을 부화하려 했다

서로를 잇는 끈이란 게 자란다

병원 복도 끝
준희는 침대와 일체형이 되어 있었다
차가운 관절들
부서진 척추보다 더 날카로운 건
세상이 그녀를 보는 방식이었다

그는 밤마다

그녀를 끌어안고

고요한 수조 속으로 걸어 들어가

그들과 꼭 닮은 아기를 품는다

킬링필드의 바람

호텔 앞, 라가뱀 잎새가 떨고 있다
마치 잎새마다 귀를 달고
감춰진 진실을 듣고 있는 듯
하늘은 무고할 만큼 맑다
망각은 언제나 햇살처럼
사람의 어깨에 내려앉는다

나는 지금
시간과 기억 사이의 틈을 걷는다
칠백만의 숨결 중 이백만이 사라진 그 사이를
안경을 썼다는 이유로
문장을 썼다는 이유로
아이에게 글자를 가르쳤다는 이유로
먼저 끌려간 지식인들

씨를 말린다는 건
지식의 씨앗을 불태운다는 것

그 불길은 아직도
캄보디아 땅 아래서 천천히 타오른다

크메르 루즈의 잔혹한 그림자
박물관 벽마다 디테일하게 매달려
아직도 심문 중일까
작은 불상들은 눈을 감은 채 흩어져
관용의 언어는 돌무더기 속에 묻혔다

유리관 속 부유한 자들의 유골
말 대신 뼈로 이야기를 꿰어낸다

울음,
기도,
되돌릴 수 없는 한 시대의 그림자들

방아쇠수지증후군

허공을 밟은 컵이 쓰러진다

반쯤 상실한 엄지

A4 용지에 저장된 말들이 끊겼다
쉰셋이 기억해야 할 말들이
끝내 꺾여 나가지 못한 문장처럼

얇아진 가슴팍 생의 의지를 반쯤 끌어다 펼치면
반쯤 쓰다 만 시들이 부름을 받고
서툰 걸음걸이 속에 끼어든다

헐렁한 주머니 속은 채우지 않았을 때가
더 폼 나다는걸
총을 한 번 맞고 나서야
시간이 풀어놓은 그늘이 보였죠

엄지가 쉬고 있을 때

검지가 나섰다

짝을 잃어버린 컵이 큰 대 자로 누웠다

힘줄 솟는 시작점에서도 늦지 않았어

노인을 위한 횡단보도는 없다

반쯤 잘려 나간 거리
겨우 몸을 지탱하려 하지만
세상 밖으로 몰리는 중이다

헝클어진 머리카락이 아슬아슬
이마를 붙들고 있다
파란 불이 재촉하는 횡단보도엔
누군가 또 발목을 움켜잡는다

멈춘다는 건 빨간불을 켠다는 뜻일까,
고개를 드는 순간
신호등은 모두 빨간색이다

4

오미야콘을 달린다

물의 눈물

물에도 눈이 자라납니다

생선 가시처럼 버려진 오대양 육대주의 눈꼬리
붉은 손수건이 내지른 칼자루의 목소리는
몸의 전쟁을 알리는 신호탄일까요

나는 포획된 능성어
어둠 속에 부풀어 오른 빵처럼
가장 낮은 곳에서 페달을 밟고 둥글게 휘어집니다

런던협약* 내로남불 웬 말인가
전문가들조차 침묵하는 현실을
흰 손수건을 흔들며 우럭이 경기驚氣를 합니다

적군이 보이지 않습니다

후쿠시마 오염 폐수
울음의 씨앗들

지푸라기 잡듯 쏟아지는 눈빛

둥근 하늘을 말아 바닷길로 사라져 버린

촛불을 들어 영혼을 달래는 어리석음이 없기를

검은 외투 속에 감춰진 낮은 음계의 속셈

부메랑이 되어 피어오릅니다

부릅뜬 물의 눈들이 서로를 할큅니다

* 런던협약 : 비행기나 선박에서 나오는 해양 쓰레기 투기를 규제하기 위한 협약.

구절초

망개나무 잎 오그라든 술잔에다

넘치도록 향기를 담는다

취해서

돌아갈 길 짚어내지 못하는

갓 스물, 파리한 얼굴

잠깐 혼절했던 가을바람이

돌아서다 말고 걸음을 멈춘다

담쟁이

땡볕 갉아먹던 무수한 그림자

짙푸르게 뻗어가는 저 흙벽

청개구리 하나

비 오는 밤만 골라

저토록 푸르게 그림을 그려 놓고

감격해서, 저 혼자 숨 가쁘게 운다

오미야콘을 달린다

 아직도 설인의 발끝을 놓치지 않고 있다

 마라톤 코스 온도가 영하 52도
 육십오 명 참가자들 반환점을 멀리 두고 설빙이 쏟아지는 거리
 차가운 공기가 산맥을 지나지 못하고 응원하고 있었지

 그들의 열기가 다다른 곳마다 설인처럼 앞서가는 나무들
 잠시라도 시동을 꺼버리면 폐 속까지 얼어붙어 숨이 멎을 것 같은
 흐릿한 시야를 돌려놓는데 칼날 같은 고드름이 눈의 폐부를 찌르지

 완주를 위한 믿음이 보여 서로의 가슴에 촛불을 켜는 날

더 빠른 쪽을 향해 뒤처진 쪽이 서로 속도를 이어가는
눈보라는 발자국을 지워가며 따르고 그림자를 밟으며 일어선 사람들
자꾸만 깜박이는 시동을 거는 버릇들이 생겼지

도착점에 다다랐을 때 발자국이 더 깊게 깜박거렸어

보드카 한 잔이 상비약이 되는 밤
기름지고 풍성한 저녁 식사에 몸이 달궈지는 동안
눈물 나게 등을 떠밀어도 떠나지 않는

그들만이 살아가는 방식들은 푸른 혈관처럼 얼지 않는 강
오미야콘을 품고 살아가는 것처럼

주름의 등반

발밑에 쌓여있는 이별의 통지문

어둠이 잘려 나간 칼바위 앞
재생시키고 싶은 날들까지 삭제한다

묻지 않아도 좋을 만큼
사람들을 끌고 가는 천왕봉

거부당한 꿈들이 아랫목에서 끓고 있을 때
헛디뎌 밟힌 구절초
사라진 꿈의 흔적을 빌며 하늘에 꽂아준다

절름발이 소녀가 혀를 끌며
햇볕 한 장의 거리를 두고 중얼거린다
무엇이 이곳까지 끌고 왔는지

가슴 뛰는 독백이다

젊은 날의 초상화
다리가 풀려 시월의 숲과 닮았다

정상에 다다른 거리만큼 홀쭉해진 기력도
천왕봉 표석 앞에서 탑신을 쌓듯 왕성해지는
주름의 행적을 펼쳐 본다

조금

그림자 긴 꼬리가 숙호산 튼튼한 어깨에 걸려 쓰러진다

싹뚝싹뚝 갉아먹은 시간들

쌓인 바다는 조금으로 야위어간다

철이 든 뒤부터 시린 달을 품은 밤들

모두 환한 달무리로 피고

달빛 썰물로 빠져나간 고샅길엔

중력의 심지로 활활 타던 열아홉 내 그리움만

사리 때를 기다리며 넘실대고 있다

동백꽃 송이째 떨어진 2월 스무사흘

뜨거운 달을 스는 산기슭이 고요하다

소나무

하지夏至의 고열을 견디며

땡볕 속 참선 수행을 하는 저

여유

온갖 시름

옹이 속에 감춘 뒤에야 번뇌로 갈라 터지던 살결

용의 비늘로 피어나는,

허욕을 버린 비탈길

가파른 걸음일수록 더욱

아름다운 풍경 하나 그리고 있는

위험한 휴식처

잠깐, 라이프 노킹을 하세요

밤 근무를 하고 자는데
대문 밖에서 들려오는 통화 소리

귀만 촉수를 향해 탐하고 있었을까
사체처리반, 분명하게 들렸다

반사적으로 달려나가 멈칫
저만치 바닥에서 꼼지락거리다 멈춘 새끼 고양이

생의 마지막 그 순간 아무도 지켜주지 못한 채
차마 볼 수 없어 고개를 돌렸던 바보였다

사체처리반이 오고 그 작은 몸에서 야옹,
환청이 온몸을 훑고 지나갔다

정신을 차리고 나서야 맨발이 울고
대리석 바닥이 끓고 있는 칠월 백중이었다

넋풀이 해주듯 시시티브이를 확인하는데
차 밑에서 잠깐 휴식 중이었을까

급출발이 얼마나 위험한 일인지
심장에 묻힌 옹관묘 하나

가을 나무

낙엽과 함께 뒤엉켜 바스락거리는 소리

기억들,

헛디딘 발걸음의 감각이 무뎌질 때마다

자꾸만 몸의 무게가 쏠리는 쪽으로 빠져나간다

아픈 기억들

발밑 가을이 요란해질수록

나무들의 가을은 고요하다

산빛 닮아가는 바람의 길을 내고 있는 저

가을,

바닥이 분주해진다

가지마다 화엄을 준비하는 중이다

은행잎

사람들의 눈빛이 낯선 풍경 속으로

익어가고 있는 오후

노랑 신호등 앞에 갇힌 바람이

드디어 목의 주름을 펴는 순간

우두둑 가을을 비우는 소리로

거리는 술렁댔다

고개를 든다

신호등은 빨간 불빛으로 바뀌어 있었다

고욤나무 은행

달 밝은 보름밤
달이 고욤나무 열매에 알전구를 켠다

비틀거린 그림자를 따라나서면
밑동 작은 구멍 속 수십 개 구슬들

저마다 비밀의 장소 하나쯤 두고 채우려는 버릇이 있지
아무도 없는 밤이면 구슬을 몇 번이나 세다가
울컥 쏟아진 울음 몰래 끌어안은 그녀

꿀 항아리 속으로 숨어든 동전 하나와 구슬들
막내를 위한 유산이라며 서로의 부채를 집어넣었지
달밤 아래서만 이뤄졌던 그들만의 비밀

계절마다 잎과 열매가 복리로 불어나서
하늘 텃밭 은행에 나의 비상금을 집어넣는다

옥상 바닥에 누워 빨대 하나씩 꽂고
달의 허리가 휘도록 당겨본다
주소를 묻지 않아도 언제든 와서 머물 수 있는
무인카페

코스모스

바람이 빚은 욕망의 부스러기들

다 받아들이는

저, 야멸참

휘어질 듯 낭창한 가을의 허리 끌어안고

마침내 제 자궁 속으로 거둬들이는

바람 없어도 요분질 하는 가을 모서리

하늘이 파랗게 질린다

케톱시스 버태로니아나

잎은 펜촉이 되어 숲의 언어를 써 내려갑니다
비를 끌어모아 허공에 뿌리를 내리는 식물은
종이 위에 문장을 새기듯 생존의 서사를 적습니다
임플란트 식립보다 치열한
살기 위해 땅이 아닌 공중에 뿌리를 내린 존재는
살아있는 문장이자
번역 불가한 생의 표정이죠

강돌이 섬

우리가 잃은 건 흔적이 아니라 기억의 맥박이다

바다 온기와 울음의 자리
포획된 건 강돌이와 그 형제들만이 아니었다
이름 모를 물속 생명
철장 안에서 뼈마디처럼 부서지던 비명도
같이 끌려갔다

지느러미를 베어간 손모가지
조합원이란 명찰을 달고 있었다
욕망의 닻을 내린 자들
독도의 입을 틀어막고 혀를 잘라버렸다

한 마리 죽음이 소 열 마리 무게를 가졌다는 말
붉게 염색된 바다가 빗질하듯 스쳐 간 가방들
고래 가죽보다 값진 액세서리
박물관 유리창 안에서 푸르다

바다를 추적하던 내비게이션
비린내 속에서 방향을 잃었다
비틀거린 파도를 움켜쥔 송신탑도

날개를 꺾인 드론 같은
신호 없는 하늘을 향해
밤마다 도시의 불빛 속에 울음을 던진다

독도 첫 수호자, 강치

중독된 봄이다

자동으로 갱신된 사계절 알림장

봄은 이완된 근육을 밤마다 키워나가지
창문 너머로 빛을 로그인 한다
그늘진 계정엔 보스턴 고사리가 자리를 잡죠

화원 후미진 곳에서
옹이 투성이인 구골나무를 데려온 지 육 년
밤마다 컴퓨터 앞에 앉아
푸른 잎맥마다 보이지 않는 울음이 그 속에 매달려
한 계절을 통째로 입력한다
눈으로 읽히지 않지만
촉감으로 느껴지는 문장들

아침이면 다크서클에 눈먼 그녀를 쓰러뜨리죠
자신만의 루틴 속
헬스장을 드나들며 근육을 키워나간 그녀처럼

비가 웃는 날이면
그들은 브라우저 창을 길게 확장해
마작 줄 아이비 바위춰
공유된 이정표에 느낌표 하나가 번쩍

햇빛보다 무거운 하루를 짊어지고
이직을 준비한 건넛집 인재
희망을 탐색하던 그가
원하는 채용 공고를 터치해
브라보를 외친다

서봉순 시인의 시 세계

상상과 이성理性을 넘나드는
'몸'과 '색'의 세계

박종현(시인)

자신만의 안목을 통해 직조한 '몸'과 '색'

지각의 주체이자 지각의 대상인 '몸', 다른 색과의 관계를 통해 다양한 의미를 드러내는 '색', 이 몸과 색은 시 창작에 있어서 근본 바탕이 된다고 해도 결코 지나친 말은 아니다. 그만큼 시 창작에 매우 중요한 구실을 하는 존재다.

안지영 시인은 '시인은 사물의 본질을 꿰뚫어 보는 자인 동시에 그 자신도 사물에 의해 바라봄의 대상이 되기도 한다. 보는 것은 사물의 깊이로 침투해 들어가 그 비밀스러움을 통찰해 내는 행위이다.'라고 했다. 이 말은 지각 철학의 선구자인 모리스 메를로퐁티가 자신의 저서 『보이는 것과 보이지 않는 것』에서 〈'몸'은 지각하는 주체이자, 지각 당하는 대상이기도 하다. 우리는 우리 자신의 몸을 만질 때, 지각의 '주체'가 되기도 하고 동시에 지각의 '대상'이 되기도 하는 것이다. 따라서 '몸'은 '주체와 대상이 순환적으로 엮이어 있는 곳'이다.〉라고 밝힌 몸의 존재론에 대한 견해와 상통한다.

그리고 〈미술 작품에 있어서, 형태나 윤곽은 매번 그 모양 그 꼴이지만, 색은 하나로 고정된 색을 찾을 수 없으며 색은 다른 색과의 관계를 통해서 매번 다른 다양한 의미들을 드러낸다. 즉, '선, 윤곽, 형태'보다 '색채'가 존재의 역동성을 보다 더 잘 보여준다는 것이며, '색'이 '형태'보다 더 깊은 의미로 다가올 수 있다는 것을 말한다.〉라고 '몸의 존재론'과 같은 맥락에서 모리스 메를로퐁티는 '색의 존재론'을 주장하기도 한다.

메를로퐁티의 『보이는 것과 보이지 않는 것』에서 밝힌 '몸의 존재론'과 '색의 존재론'은 지각의 주체이면서 지각의 대상이기도 한 '몸', 다른 색과의 관계를 통해 다양한 의미를 드러내는 '색'이 바로 사물을 바라보는 자신만의 안목이면서 안목을 통해 찾아낸 발견이다.

서봉순 시인의 시에서 시적 대상으로서의 '몸'과 자신만의 안목을 통해 새로운 세계를 발견한 '색'이 어우러져 다양한 정서적, 화학적 반응을 일으켰다.

푸른 이빨 자국을 남긴 지문에서
파도 소리가 들린다
속을 다 비우고 나서야
드러난 잇몸 바닷바람과 맞선다

헐거워진 뼈마디 철심을 꽂고
먼 하늘에 갇힌 동공
몸 안에 스쳐 간 파도가 남긴 발걸음 소리가
겨울 풍경에 잠든 하늘을 흔들어 깨우면,

모를 일이다
그물망 사이로 걸어 나온 희미한 불빛
절름발이 사내 하나 일으켜 세워 날갯짓을 한다

비운다는 건 새가 될 수 있다는 의미일까
마른 몸끼리 흔들리며 부딪치다가
구름빛 덕장이 뱉어내는
목탁 소리
바다가 떼 지어 열반에 든다

─「말라간다는 것 -황태」 전문

 명태를 말리는 덕장은 서 시인이 바라본 시적 발상의 대상이면서 서 시인 또한 마른 명태가 자신의 내면을 들여다보는 대상이 되기도 한다. 모리스 메를로퐁티의 저서 『보이는 것과 보이지 않는 것』의 관점에서 접근한다면 시적 대상인 명태 말리는 덕장은 '몸'이고, 시적 대상인 명태 말리는 덕장이 상황과 인식에 따라 달라지는 의미와 이미지를 '색'으로 이해할 수 있다. '몸'은 객관적인 대상이지만 '색'은 주관적인 의미이다. 대상과 시인 사이에 주관적인 의미와 이미지를 창출하기 위해선 대상과 시인 사이에 내적 소통과 교감은 필수적이다.
 나무를 얼기설기 엮어 만든 덕대에 명태 묶음을 내걸어 영하 10도 이하의 추위에 얼었다 녹았다를 반복하며 100여 일 말리면 살이 포슬포슬하게 살아난 명태가 황금빛 황태로 다시 태어난다. 황태덕장에서 이러한 과정을 보고「말라간다는 것 －황태」를 창작했다.

'헐거워진 뼈마디 철심', '먼 하늘에 갇힌 동공', '드러난 잇몸', '마른 몸끼리 흔들리며 부딪치다가'와 같은 보이는 것 즉 '몸'들이 만나 '겨울 풍경에 잠든 하늘을 흔들어 깨우면', '비운다는 건 새가 될 수 있다는 의미일까', '구름빛 덕장이 뱉어내는/목탁 소리/바다가 떼 지어 열반에 든다'와 같은 새로운 의미와 이미지의 '색'을 만들어 냈다. 서 시인의 시적 내공이 이 한 편의 시에 다 드러나 있다. 시가 이렇게 깊고 오묘한 것인가를 새삼 느끼게 하는 명품이다.

바람에 잘린 풍경들이
해거름 아스팔트에 서성인다
빛의 주름을 깁는 재주만 늘었을 뿐
먼지 얼룩진 의문 부호들은
아직도 그대로다

어둠이 몰고 온 밤의 차단기를 열고 들어가면
두려움은 늘 상복을 입은 채 나를 기다리고 있었다
옥상을 베고 누운 하늘이

어머니의 자궁처럼 포근해지는 밤이면
엇박자로 반짝이는 내 일상
하늘 모서리에 새긴다

별들이 하나둘
고층 아파트 창을 닫고
뒷덜미를 보이는 새벽녘이면
옥탑방 가득, 뜸 들어가는 속삭임이
더욱 분주해진다

─「차단기 너머의 밤」 전문

'몸'과 '색'이 선명하게 구분되는 시행도 있지만 때론 '몸'과 '색'이 한데 어울려 '몸'이 '색'의 영역으로 전이되는 과정도 더러 있다. 시 창작에 있어 이런 표현은 참신한 언어적 스킬이 필요하다. 서 시인의 「차단기 너머의 밤」에는 '몸'과 '색'을 명확히 나누어 표현한 부분도 있지만, 의도적으로 모호하게 표현함으로써 시가 지닌 묘미를 잘 살려 놓은 곳도 더러 있다. 매우 고무적이다.

'바람에 잘린 풍경들이/해거름 아스팔트에 서성인다', '빛의 주름을 깁는 재주', '밤의 차단기를 열고

들어가면/두려움은 늘 상복을 입은 채 나를 기다리고 있었다/옥상을 베고 누운 하늘이/어머니의 자궁처럼 포근해지는 밤' 등이 대표적으로 '몸'과 '색'이 어우러져 「차단기 너머의 밤」의 풍경과 현상에 대한 묘사적 이미지를 명징하게 잘 드러내 놓고 있다.

 낮밤 없이 울부짖는 털매미
 겨드랑이에 붙은
 질척한 열대야
 뒤란 모서리, 무화과 열매로 익어
 온몸을 연다

　　　　　　　　　　－「말복」 전문

'낮밤 없이 울부짖는 털매미'와 '겨드랑이에 붙은/질척한 열대야'와 같은 '몸'의 세계로 '뒤란 모서리 무화과 열매로 익어/온몸을 연다'와 같은 의미와 이미지를 담은 '색'의 세계를 표현해 놓은 것도 시를 읽는 독자들에게 정서적 쾌감을 주는데 크게 기여한다.

 발밑 가을이 요란해질수록

 나무들의 가을은 고요하다

산빛 닮아가는 바람의 길을 내고 있는 저

가을,

바닥이 분주해진다

가지마다 화엄을 준비하는 중이다

-「가을나무」 일부

'발밑 가을이 요란', '산빛 닮아가는 바람의 길을 내고 있는 저/가을'이라는 자연 현상인 '몸'을 통해 '나무들의 가을은 고요하다', '바닥이 분주해진다'와 같은 의미와 이미지를 지닌 '색'을 탄생시켜 놓았다. 시의 생명은 일상에서 만날 수 있는 사물(대상)인 몸을 통해 자신만의 의미와 이미지를 만들어 내는 것이라고 해도 틀린 말을 아닐 것이다. 서봉순 시인의 시에는 시의 생명이 파닥이고 있다.

상상과 이성理性이 어우러져 빚은 신서정

〈장자가 혜자와 더불어 호숫가를 거닐고 있었다. 장자가 말했다.
"물고기가 유유히 헤엄치고 있군. 물고기는 즐거운 거야."

혜자가 말했다.

"자네는 물고기가 아닌데 어떻게 물고기가 즐거운 것을 아는가?"

"그렇다면 자네는 내가 아닌데, 어떻게 내가 물고기의 즐거움을 모르는 것으로 아는가?"

"나는 자네가 아니라서 본시 자네를 알지 못하네. 마찬가지로 자네도 본시 물고기가 아니니 자네가 물고기의 즐거움을 알지 못한다는 것은 틀림없는 일이야."

"얘기를 그 근본으로 되돌려 보세. 자네가 내게, '어떻게 물고기의 즐거움을 아는가' 하고 물었던 것은 이미 내가 물고기의 즐거움을 안다고 여겼기 때문이었네. 그래서 나에게 그런 질문을 한 것이지. 나는 지금 이 호수의 다리 위에서 저 호수 밑의 물고기와 일체가 되어 마음을 통해 그 즐거움을 알고 있었던 것이네."

― 박홍순의 「저는 인문학이 처음인데요」의
72쪽~73쪽에서 따옴

『장자』의 '추수秋水'편에 나오는 장자와 혜자가 호수에서 헤엄치고 있는 물고기를 바라보면서 나눈 대화 내용이다. 하나의 상황을 보고 그것을 바라보는 관점이 현저히 다름을 알 수 있다. 혜자는 '장자가 본시 물고기가 아니기 때문에 물고기의 즐거움을 알지 못한다'는 논리적 추론을 통해 결론을 끌어내는 방법을 취했다. 물고기를 바라보는 혜자의 눈은 지극히 이성적이고 객관적이다.

이에 비해 장자는 '이 호수의 다리 위에서 저 호수 밑의 물고기와 일체가 되어 마음을 통해 그 즐거움을 알고 있었던 것'이다. 장자는 마음의 눈을 통해 물고기를 바라본 점이 혜자와 차이를 보인다. 대상을 바라보는 주체인 장자와 대상인 물고기를 분리하지 않고 마음의 눈을 통해 '일체'로 본 것이다. 이는 마음의 눈으로 바라본 주체가 대상에게 다가가 교감을 이루었기 때문에 가능한 일이다. 그 교감을 얻기 위한 필수적인 요소가 '상상'이다.

혜자와 장자는 대상이나 상황을 바라보는 관점이 사뭇 다르다. 혜자는 이성理性과 논리를 통해 사물을 바라본 것이고 장자는 상상과 마음을 통해 대상을 바라보았다. 이러한 장자의 눈, 즉 상상은 고정관념에 사로잡힌 일상적인 세계에서 벗어나 새로운 인식의 지평을 여는 발견의 세계에 닿게 하는 노둣돌 역할을 한다.

서봉순 시인의 시에는 장자의 '상상'과 혜자의 '이성(경험)'이 골고루 드러나 있다. '이성'에 바탕을 둔 경험 시뿐만 아니라 '상상'을 통해 새로운 세계를 발견하여 시로 형상화한 작품 등 서 시인의 다양한 작품세계와 문학적 성취를 만나는 동안 필자는 정서적 쾌감을 맘껏 누렸다.

주름진 마당이 눈을 떴다
하도 밟아서 매끈한 살갗 위로
유년의 윗목을 긁는 소리
쌓여있던 바람의 무늬가 일렁댄다
공깃돌로 구르는 햇빛 냄새
얼굴 가득 스크래치를 내어도 품을 줄만 아는
어머니 품 같은 마당
저물녘이면 바람의 자국을 담은 헌 포대를 끌어안고
방안으로 기어 들어왔다
말끔히 세수한 도화지를 바라보듯
낡은 대빗자루는 크레파스보다 더 값진 그림 도구다
꾹 눌러 그려도 부러지지 않는
내 꿈을 새길 수 있는 마당
바람의 빛깔이 환하다
낙인처럼 되살아난 어린 얼굴 하나

문득,
바람이 다가와 그 무늬를 지운다
마흔을 한참이나 지난 나이가 또 지워지고 있다

> —「바람의 무늬」 전문

 어린 시절, 화가가 되고 싶었던 꿈을 품었던 시인이 그 꿈을 이루지 못한 것에 대한 안타까움과 화가가 되려고 발버둥 쳤던 어린 시절에 대한 그리움을 담아 놓은 시다. 화가가 되고자 했던 어린 시절의 꿈을 실현하지 못한 안타까움과 그리움을 혜자의 이성적 경험 세계에다 장자의 상상을 끌어들여 표현해 놓고 있다.
 그 과정에서 시인은 자신의 꿈을 접어야 했던 사유를 '바람의 자국을 담은 헌 포대', '크레파스보다 더 값진 낡은 대빗자루'와 같은 그림 도구 등 어린 시절 가난했던 상황을 이성적 경험 세계로 제시함으로써 독자들이 쉽게 인지할 수 있도록 해 놓았다. 이에 비해 그 꿈을 이루지 못한 안타까움과 꿈에 대한 그리움은 '낙인처럼 되살아난 어린 얼굴 하나/문득,/바람이 다가와 그 무늬를 지운다'와 같이 장자의 상상 세계를 끌어들여 그 안타까움과 그리움 곁에 다가가도록 표현해 놓았다. 한 편의 시가 탄생되기까지 상상과 경험이 서로 넘나들면서 시인이 표현하고자 하는 의미와 정서를 극대화시켜 놓았다는 점이 돋보인다.

  아버지 황소 고삐를 잡고
  호흡을 맞추며 사래 긴 밭 갈면
  자로 잰 듯했는데
  유년 시절, 연필에 침 발라 가며
  종합장에 줄을 그으면
  고삐 없이 걸어가는 당나귀 걸음이다

  자를 대서야 그를 따라나설 수 있는
  떨림의 순간들
  한눈 팔이 소녀가 조릿대에 끼워
  몸이 닳도록 그를 이끌고 가는 소리

  마지막 심이
  줄 위에 서서 시詩나무를 심었다
  겨드랑이가 가려울 때마다
  엄지와 검지 사이를 넘나들며
  엉성한 숲을 그렸다

  가지마다 날아든 파랑새

그를 긁어 줄 때 잎이 돋고 꽃이 피었다

아버지 발걸음 소리와 황소 울음이 섞여
줄 공책 몇 권이 깨알처럼 일어나
밀려 나간 기억들이 길의 주인이 되는 지금

자를 대서야 그를 따라나설 수 있는
떨림의 순간들
한눈 팔이 소녀가 조릿대에 끼워
몸이 닳도록 그를 이끌고 가는 소리

마지막 심이
줄 위에 서서 시詩나무를 심었다
겨드랑이가 가려울 때마다
엄지와 검지 사이를 넘나들며
엉성한 숲을 그렸다
가지마다 날아든 파랑새
그를 긁어 줄 때 잎이 돋고 꽃이 피었다

아버지 발걸음 소리와 황소 울음이 섞여
줄 공책 몇 권이 깨알처럼 일어나
밀려 나간 기억들이 길의 주인이 되는 지금

―「연필이 걸어가는 길」 전문

시인은 유년 시절에 대한 시상을 떠올리며 시상 전개가 생각처럼 쉽게 펼쳐지지 않음을 경험하면서 어떻게 시상을 끌고 갈 것인가를 고민하던 중, 아버지와 함께 묵묵히 밭갈이를 하던 황소의 끈기와 인내를 떠올리며 「연필이 걸어가는 길」을 완성한다.

'아버지 황소 고삐를 잡고/황소와 호흡을 맞추며 사래 긴 밭 갈면/자로 잰 듯했던' 상황과 '유년 시절, 연필에 침 발라 가며/종합장에 줄을 그으면/고삐 없이 걸어가는 당나귀 걸음'과 같은 모습은 혜자의 이성(경험)에 맞닿아 있고, 그 경험 위에 '소녀가 조릿대에 끼워/몸이 닳도록 그를 이끌고 가는 소리 마지막 심이//줄 위에 서서 시詩나무를 심었다', '아버지 발걸음 소리와 황소 울음이 섞여/줄 공책 몇 권이 깨알처럼 일어나/밀려 나간 기억들이 길의 주인이 되는 지금'과 같은 장자의 상상이 결합하여 마침내 온전한 한 편의 시를 탄생시킬 수 있었다는 습작 체험을 밝혀 놓고 있다.

밤마다 책을 먹어 치운 남자

편백나무 숲을 방안으로 끌고 옵니다
허기를 채우듯 책을 채우는 버릇들

소화해 내지 못한 언어들이 오랜 시간
빛의 그림자 속에서 일어납니다

책갈피마다 숲의 바람이 내려와 남긴 수기 속
비룡폭포 떨어지는 물줄기를 계단 삼아
밤마다 승천할 꿈을 꾸던,

그의 손길이 닿는 곳마다
숲이 그려준 내력들이 집안 가득 피어나 둥지가 되었죠

―「언어를 디자인하는 남자」 일부분

 산행을 좋아하면서 책 읽기도 즐기던 한 남자, 뜻하지 않은 사고로 세상을 떠난 고인에 대한 그리움과 애도를 표현한 시다. '밤마다 책을 먹어 치운 남자', '편백나무 숲을 방안으로 끌고 옵니다', '허기를 채우듯 책을 채우는 버릇들', '소화해 내지 못한 언어들이 오랜 시간/빛의 그림자 속에서 일어납니다' 시의 앞부분을 비롯해 시 전체의 시행들이 혜자의 경험과 장자의 상상을 함께 끌어들여 시상을 전개해 놓았다. 경험과 상상이 공존하는 표현이 많은 시일수록 다양한 의미와 이미지를 창조하고, 시의 향기 또한 깊어진다. 「언어를 디자인하는 남자」가 그렇다.

성심誠心을 다해 빚은 달항아리 같은 시

〈1640년 일본 나고야에 살았던 효자 아들에 대한 이야기다. 환갑을 넘긴 부모를 산속에 유기하는 나랏법이 있었던 때다. 아버지를 유기하기 위해 깊은 산속으로 들어가는 아들이 나중에 되돌아가는 길을 잃을까 봐 아버지가 나뭇가지를 꺾어 길에다 뿌려놓은 것을 안 아들은 크게 뉘우치며 아버지를 다시 모시고 와 집 뒤 밭에다 동굴을 만들어서 남몰래 지극정성으로 봉양했다.

어느 날, 고을 원님이 그 아들을 불러 떡갈나무 몸통 토막을 보여주며 말했다.

"이 나무의 뿌리가 어느 쪽인지 내일 아침까지 내게 고하라. 그렇지 않으면 죽음을 면치 못하리라."

집으로 돌아온 아들은 동굴 속에 계시는 아버지를 찾아가 낮에 있었던 원님과의 이야기를 말씀드렸다.

"아버님, 원님의 관저에 놓인 옛날의 고목은 전체가 반들반들 윤이 나는 떡갈나무의 몸통이에요. 저를 도와주세요. 이것이 무엇을 의미하는지 아시나요?"

"아들아, 원님이 이 수수께끼를 어떻게 표현하시더냐? 그대로 말해 보아라."

"원님은 그저 '이 나무의 뿌리가 어느 쪽이냐'고 물으셨어요."

그러자 노인이 아들에게 대답했다.

"이것 또한 옛날의 3대 비밀 중의 하나란다. 두 번째 비밀이지. 식물과 세상의 원천에 관한 비밀이로구나. 즉, 물을 말하는 거란다."

노인은 밤새도록 생각에 잠겼다. 어둠이 끝날 무렵, 동이 트기 전에 노인은 수수께끼를 풀 방도를 아들에게 일러 주었다.

"관저로 가거라. 원님에게 커다란 냄비를 달라고 청해. 냄비에 물을 붓고 그 안에 나무 몸통을 집어넣어. 물 위로 나오는 쪽이 나무의 위쪽이란다. 그러니 바닥으로 가라앉는 쪽을 말없이 손가락으로 가리켜라."

아들은 아버지가 일러 준 대로 했다.

고을의 원님은 깜짝 놀랐다. 일어나서 무릎을 꿇었다. 원님은 그에게 청동 냄비와 그것을 싣고 갈 수레를 주었다. 냄비에 가득 남긴 물에서는 천 년 묵은 잉어가 헤엄치고 있었다.

온 마을 사람들이 돌아오는 그를 환호하며 맞이했다. 그가 마을의 영웅이 되었기 때문이다. 마을 사람들이 전부 집으로 돌아가자, 아들은 아버지를 찾아가

감사드렸다. 그리고 밀가루를 반죽해서 떡을 만들어 드렸다.〉

—파스칼 키냐르의 「옛날에 대하여」 제95장 '산'에서 가려 뽑음

서봉순 시인의 시에는 아버지를 지극정성으로 모신 효자의 마음처럼 대상을 대할 때 성심을 다하는 모습이 잘 드러나 있다. 특히 사람을 대할 때 진심으로 상대를 대하는 서 시인의 태도가 작품 속에 여실히 녹아 있음을 볼 수 있다. 이러한 모습에서 서 시인이 시를 빚을 때의 본심을 엿볼 수 있다. 도공이 희고 둥근 달항아리를 빚을 때의 자세와 닮아있다. 성심을 다해 빚어 놓은 하얀 달항아리들이 서 시인의 작품에 얼비친다.

딱, 하루

신생아실 요람 모서리에

고고성呱呱聲만 매달려 있는

모성도

의술도

닿지 않는

하얀 줄무늬 산타 모자만

곁에서 지켜주는
  －「에즈워드 증후군」 전문

　서봉순 시인은 오랜 세월 신생아실에서 의료 활동을 해 왔다. 아무리 자신이 좋아하는 일이라 할지라도 그 일이 의무적으로 행해야 하는 직업이 되었을 때는 대부분의 사람들이 매너리즘에 빠지는 경우를 자주 본다. 서 시인의 직업관은 늘 한결같다. 신생아실에서 근무하다 보면 건강한 아기를 출산하는 모습도 보지만 그와는 달리 안타까운 경우를 목도할 때가 있다.

　18번 염색체가 세 개가 되어 발생하는 선천적 기형 증후군인 '에즈워드 증후군'을 안고 태어난 신생아를 보면서 산모 못지않게 마음 아파하는 시인을 볼 수 있다. 진심으로 안타까워하는 성심誠心을 생명의 출발점이면서 존귀함을 담은 '고고성'과 생명의 위태로움을 암시하는 '요람의 모서리'를 대비시켜 표현한 점이 매우 돋보인다. 또한 현대 의학으로는 도저히 손을 쓸 수 없는 절망적 상황을 감정적으로 드러낸

것이 아니라 '하얀 줄무늬 산타 모자만/곁에서 지켜주는'이라는 절제된 감정을 묘사적으로 표현함으로써 읽는 독자들에게 더 큰 아픔과 울림을 느끼게 해 놓았다. 짧은 시지만 그 의미와 정서는 깊고 그득하다. 서 시인의 시에서 이러한 정서와 의미를 느낄 수 있는 것은 서 시인이 성심誠心을 다해 대상을 대하는 태도에서 기인했다고 생각한다.

밤에만 내려오는 하늘

어둠이 깊어진다는 건 축복인지도 모른다

흙 바람의 갈퀴손이 빚은 문명의 흔적

찢겨나간 살점은 모두 입을 다물지 못한다

파편을 맞은 유적들은 목숨을 잃은 지 오래다

쓰러진 유적들 사이에 서 있는 사원 하나

초승달을 띄워놓고 하늘에다 유언을 하고 있다

물과 하루치의 끼니가 가장 큰 선물이 되는

아이들의 까만 눈동자에 비친 세상을

군용 트럭이 싣고 간다
　　－「아프가니스탄의 크리스마스」 전문

 이슬람 이상 국가 건설을 내세우며 아프가니스탄을 장악한 탈레반 지도부는 바미안 대불 폭파를 정점으로 한 반문명적인 반달리즘(vandalism · 문화 역사물 파괴 행위) 행위를 자행했다. 유라시아 대륙 한가운데 있는 아프가니스탄은 고대부터 동서양 문명이 교차하는 길목이었을 뿐만 아니라, 동서의 새로운 문물과 문화가 역동적으로 융화되고 교류하는 '문명의 십자로'라 불릴 정도로 세계 문화의 중심지 역할을 해 온 곳이다.

 '밤에만 내려오는 하늘', 아프가니스탄의 절망적 상황을 딱 한 줄로 이처럼 명징하게 표현해 놓았다. 그런 현실적 상황을 두고 차라리 '어둠이 깊어진다는 건 축복인지도 모른다'고 역설적으로 표현한 것을 보면 시인은 어둠 속에 갇힌 아프가니스탄을 부활케 하는 빛은 아프가니스탄이 아니라, 세계 인류의 양심과 인류애라고 생각한 것 같다. '초승달을 띄워놓고 하늘에다 유언을 하고 있'는 '아이들의 까만 눈동자에 비친 세상'을 본 서 시인은 그 아이들의 눈동자에 비친 세상을 '군용 트럭이 싣고 가'는 상황을 보며 또다시 절망했을 것이다.

모든 세상이 가장 축복받아야 할 크리스마스 날에 아이러니하게도 축복과 대비되는 상황을 제시함으로써 시를 읽는 이들의 마음을 더욱 아프게 하고 있다. 아프가니스탄에서 자행되고 있는 반달리즘 행위를 그냥 하나의 풍경으로 바라보는 것이 아니라, 전 인류가 힘을 모아 인류의 문화재와 문명을 지켜야 한다는 것을 서 시인은 성심을 다해 피력하고 있다.

너덜거린 가계부 속 아직 받지 못한 일당들
오늘은 받을 수 있을까

배 밑창에 눌어붙은 조개껍질을 떼어내듯
시간을 다루는 솜씨가 눈 부신 햇살을 뚫고
젖을 물리고 한 손으로 허기를 채우는
깡깡이 아지매
녹슨 상처가 떨어져 나갈 때마다
공중에 매달린 허물들이
온몸을 감싸고 뼈마디까지 스며들어
생명을 파먹고 자란 망치 소리

가난으로 피어난 꽃의 울림이랄까

마을 역사를 담아내는 벽화 속
아기 울음소리가 푸른 정원이 되어

깡깡이 아지매들 꿈을 그려내고 있다
　　ー「깡깡이 아지매들」 일부분

 바닷가 마을의 담벼락에 그려진 벽화를 보고 시인은 「깡깡이 아지매들」의 시상을 떠올렸다. 배 수리를 전문으로 하는 조선소에서 일용직으로 일하는 젊은 깡깡이 아지매의 고달픈 일상을 여과 없이 표현해 놓았다. 특히 '너덜거린 가계부 속 아직 받지 못한 일당들'을 받기 위한 바람을 가지고 일터에 나간 깡깡이 아지매가 품에 안은 갓난애에게 '한 손으로는 젖을 물리'고 다른 한 손으로는 '배의 밑창에 눌어붙은 조개껍질을 떼어내'기 위해 손망치를 두드리는 삶의 현장이 처절하게 느껴지기도 한다. 그 손망치 소리는 노동의 지난至難함을 표현한 것이 아니라 '가난으로 피어난 꽃의 울림'이라고 표현해 놓고 있다.

시가 독자들에게 울림으로 다가서는 것은 표현력의 빼어남보다 시적 진실성과 진정성이 더 큰 영향을 준다. 서봉순 시인의 시편들에는 대상을 바라보는 진정성과 진실성이 돋을새김처럼 역력히 드러나 있다. 서 시인의 시에서 큰 울림과 함께 깊이를 느낄 수 있는 것도 대상을 바라보는 성심誠心에서 나온 것이 아닐까 하는 생각이 든다.

경험과 상상의 세계가 어우러져 빚은 시의 향기

서봉순 시인의 시는 이성(경험)과 상상이 어우러져 빚은 시들이 많다. 또한 경험과 상상이 공존하는 표현의 시들도 다수 있다. 경험과 상상이 한데 어울려 완성된 시는 그 완성도가 높을 뿐만 아니라, 다양한 의미와 이미지를 창조한다. 읽을수록 짙은 향기를 풍긴다. 시집 『비운다는 건 새가 될 수 있다는 의미일까』로 많은 독자에게 향기로운 시 세계를 건넨 서봉순 시인께 고마움과 함께 축하의 말을 드리고 싶다.